COLECCIÓN «LA FONTE»

AF276541

ANNA DUART TORRES

FINITO

E

INFINITO

FONTE
GRUPO EDITORIAL

EDITORIAL
MONTE CARMELO

Imagen portada:
Esmalte al fuego de Anna Duart

© 2024 Anna Duart
© 2024 Grupo Editorial Fonte
P. del Empecinado, 1; Apdo. 19 - 09080 - Burgos
Tfno.: 947 25 60 61

www.montecarmelo.com
www.grupoeditorialfonte.com
editorial@grupoeditorialfonte.com

ISBN: 978-84-10023-47-5
Depósito Legal: BU-249-2024

Impresión y encuadernación
Grupo Editorial Fonte - Burgos
Impreso en España. Printed in Spain

Una vez superados los gastos de producción,
los derechos de autor serán donados a:
ONG SUYAY – Perú, Iquitos.

Queda prohibida, salvo excepción prevista en la ley,
cualquier forma de reproducción, distribución, comunicación
pública y transformación de esta obra sin contar con la autorización
de los titulares de la propiedad intelectual.
La infracción de los derechos mencionada puede ser constitutiva de
delito contra la propiedad intelectual (arts. 270 y ss. del Código Penal).

Dedicatoria:

A todos los que buscan, se interrogan.

«La condición itinerante del hombre sería absurda
si lo condujese a la propia finitud, es decir,
a lo mismo que pretende rebasar en su peregrinación».

Carlos Díaz

Contenido

Prólogo

De lo finito sólo alguien infinito podría decir algo con total propiedad, pues en su condición de tal infinito llevaría en su interior el conocimiento de todas las cosas, de las finitas y de las infinitas, ya que si le faltaran las unas o las otras, o ambas, no sería infinito en sí mismo. El infinito, pues, debe contener todo, incluso la coincidencia de los opuestos, como dijera Nicolás de Cusa. Nada le falta. Resulta imposible al nada más que humano entrar en esa senda y en ella permanecer sin más sentir, ni pensar, ni desear, ni decir: principio y fin de todas las cosas.

Del mismo modo, sólo lo infinito puede contener lo pasado, lo presente y lo futuro simultñaneamente, pues si le faltara alguna forma de temporalidad tampoco sería infinito. Su presente absoluto no coincide con nuestro tiempo. Allí no está aconteciendo al mismo tiempo que aquí. Por tal motivo, un absoluto presente no sería temporal en el tiempo absoluto, sino intemporal, al contenerlo todo al mismo tiempo, simultáneamente, sin el tic-tac del reloj mundano. Por ese mismo motivo, nuestras peticiones nunca pueden llegar al Infinito tarde ni pronto: llegan pasando y pasan llegando. Un infinito en movimiento, como quería Hegel, cuya filosofía de lo absoluto postulaba la necesidad de una secuencia entre su sabiduría de ayer, de hoy, y de mañana, sólo podría darse misteriosamente.

Sea como fuere, constituye una empresa tremenda y superexcedente la búsqueda, a pesar de los exiguos resultados. Es algo metafísico, que siempre queda más allá. Explicar lo absoluto e infinito por parte de un ser finito no solamente resultaría algo «muy complicado», sino total, absoluta y mayúsculamente imposible. Sólo lo infinito podría explicar lo infinito, pero esto no podría entenderlo ninguna inteligencia humana limitada, finita y caduca. De ahí también la fascinación que su misma ignorancia nos impone ardientemente: «Dios y el alma deseo conocer, nada más, absolutamente nada más», dijo Agustín de Hipona.

Pero además de lo infinito está lo finito. Si lo finito no se hizo a sí mismo, ¿quién o qué hizo lo finito, quien lo echó a rodar, quién le insufló existencia, para qué, hasta cuando, por qué, cómo? A diferencia de lo absoluto, que sólo es pensable de una manera, la que fuere, dentro de lo finito mismo hay muchos y muy variados grados posibles de percepción, de animación: alma mineral, alma vegetativa, alma sensorial animal, alma intelectiva, y a su vez en cada una de ellas muchas y muy diferenciadas formas, sin que ello impida que cada una de ellas sea energía de mayor o menor potencia, intensidad y dínamis. Una sim/patía o com/pasión universal rige y mueve todo, aseguraba Heráclito de Éfeso y por ello la denominaba Logos, «fuerza para reunir», y a la que el amargado Schopenhauer designaba «sufrimiento universal», pues no hay nada que una tanto como el sufrimiento verdadero. En definitiva, de tejas abajo todo está en todo gracias a la fuerza de atracción del Amor que viene de lo alto: en las escombreras, en la demolición misma de lo meramente material florece la fuente de la poesía, como aseguraban los poetas y aedos griegos.

Por muy grandes que sean las diferencias entre los seres finitos, desde la ameba hasta el ser humano, nada allí puede explicarse totalmente a sí mismo de principio a fin: nada conoce su origen por sí mismo y después de su último suspiro nada se sabe. Por muy complejo que sea su aparato afectivo y cognitivo, *nihil scitur*, todo es nesciencia. Por grande que sea su autarquía y su autonomía, no pasa de ser una caña que piensa, que ama, y que busca. Lo que ya es mucho.

Con o sin grandes esperanzas, también las búsquedas son polimorfas, pero es ese deseo suyo de perseverar el que le permite seguir buscando. Poesía, filosofía, teología, exploran por diversos caminos, o incluso por distintas laderas de la misma montaña, tratando de conjugar lo finito y lo infinito, la tierra y el cielo, la muerte y la vida. Solamente en el ser humano se da ese milagro de la prima/vera, la primera y la verdadera que viene, la que para venir a serlo todo no debe querer ser algo en nada.

No deja de resultar asombroso que arte, religión y filosofía, las tres disposiciones anímicas más elevadas de la existencia humana según la escala de valores diseñada por Max Scheler, sean las gestoras capaces de explicar tanto el secreto del principio antrópico (consistencia de la vida), como al mismo tiempo del principio entrópico (desistencia en la muerte). Quizá la explicación de esa dualidad haya estado bien detectada por los mejores poetas: «Con tres heridas yo, la de la vida, la de la muerte, la del amor» (Miguel Hernández), «todo hombre tiene dos heridas que pelear, con su Leonor y con la mar» (Antonio Machado). El amor es Leonor para morir y mar para infinitizar; es la herida, pues nadie anda más herido que el herido de amor que el tocado por la dorada espina cupídica, esa espiga dorada bajo el sol.

El amor es la fuente de toda creatividad, es decir, la fuente de donde todo mana y corre, fuerza *poiética*, del verbo griego *poieo,* que significa actuar creativamente y que se escribe para ser cantada rítmicamente expresando así los sentimientos individuales del poeta (lírica monódica) o los colectivos (lírica coral). *Poeta* significa lisa y llanamente *creativo*.

Como casi todo está en Grecia, las poesías *épicas*, versificadas, cantaban las «hazañas de los héroes» pero eran leídas narrativamente por unos poetas llamados aedos o rapsodas (recitadores de poemas) al son de una lira, y no transmitidas por escrito, sino oralmente, gracias a técnicas de improvisación y memorización, entonces tan frecuentes y hoy casi borradas del mapa. Itinerantes iban los poetas poderosos de corte en corte y de ciudad en ciudad recitando los poemas en banquetes de nobles o en plazas públicas ante auditorios numerosos. Las poesías *líricas*, unas veces al servicio, de la lucha política, como en Arquíloco y en Tirteo, y otras expresando sentimientos personales tales como el deleite de la vida regalada que hallamos en Anacreonte, o la pasión amorosa expresada por la poetisa Safo de Lesbos. Por su parte las poesías *dramáticas* agarraban con las manos el sudor y las lágrimas de la tragedia humana individual y colectivamente, pero siempre con la esperanza en una resurrección, tal y como lo hacía en el teatro el *deus ex machina*, un aparato que se pasaba por el escenario para volver a poner en pie a los muertos, heridos o desafortunados de la vida.

Más allá de lo finito, el infinito, asegura Anna Duart, buena conocedora del debate en este más acá. Pero este transallende del aquende ha de tener un límite, pues de lo contrario ni siquiera habría allende, ya que un allende que es superado por un trans/allende está aún demasiado cerca de nosotros y no pasa de ser un aquende. Sólo es verdaderamente infinito aquello de lo que no tenemos ni la menor idea los finitos. Más allá de lo infinito no ha de haber nada, y si lo hubiere estarían aún tan cerca como la última de las más remotas galaxias, es decir, a la vuelta de la esquina. Ana Duart cree en Dios, al que agradece su presencia ausente en el ser humano, como corresponde a la maravilla de la fe. Creer de este modo es creer sin burla de lo divino. Hay que confiar en Dios sin tomarse demasiadas confianzas.

De lo hasta aquí dicho existe una única excepción, una excepción de tales magnitudes, que anula todo lo dicho: es el saber del infinito divino en el Padre -a quien nadie ha visto- en el infinito cercano en el Hijo –manifiesto a través de algunos– y presentificado a través del Amor del Espíritu.

Feliz aquel poeta que, como Ana Duart, nos tiene en pie en este brete y en esta brecha. Yo siempre se lo agradeceré.

CARLOS DÍAZ

FINITO
E
INFINITO

A pesar de mi fragilidad
Tú me das
palabras de agua viva.

Antes que yo te buscara
Tú me habías llamado en el silencio.

Tus abrazos son mi delicia,
mi esperanza en el desierto.

⌒

Sin Ti apenas yo sería flor
que se estingue en desierto.

¿Quién soy para ti?

⁓

La razón de vivir.

¿Anna me amas?

Miré al cielo, una estrella temblaba.

Imposible amar sin haber sido amado.

Quien no ha recibido al nacer unos brazos
que lo acunen con ternura,
tendrá dificultades al relacionarse con la vida.

La puerta está abierta,
el mantel preparado.
Vuelve a casa.

Saber que el hogar me espera es gozo,
seguridad que al alma alegran.

Mi familia es la humanidad.
¿Por qué las guerras?

⌣⟶

La industria de las armas, ansias de poder,
codicia, mundo donde la compasión no impera.

Quisiera ser para ti,
casa con puertas abiertas.

Estoy esperando que vengas;
sin cerrojos, ni cancelas.

Cristo vuelve a ser crucificado
en las guerras, inmigrantes, los necesitados…

La muerte de Cristo no fue sólo un acto en el tiempo;
se repite de continuo en un mundo sin concierto.

Como la lluvia cae en la tierra y germina los huertos,
así tu palabra abre caminos nuevos.

Quisiera ser buena tierra
para que la cosecha sea fruto y alimento.

Me llamas,
me acaricias,
me acompañas…

…Y me envuelves en tus brazos
como a un niño que se ama.

… Y si algún día creo que lo sé todo,
ponme ante el abismo insondable de tu sorpresa con-
tinua.

Cuando sé que no sé nada,
más el asombro me embarga.

Todo gracia, unidad, compasión, entrega,
para llegar a la nueva conciencia.

A pesar de un cielo oculto por velos,
se percibe una tierra y un hombre nuevos.

En esta mañana llena de alegría, elijo la Vida.

Si vivir es estar en presente,
elijo el momento que todo posee.

Sabiduría sinónimo de quietud, silencio y escucha.

Tríada de dicha.

Aunque atraviese cañadas oscuras,
llevada de tu mano nada temeré.

⌒

Qué segura y feliz me siento,
cuando de ti acompañada dejar me llevo.

Te busqué por fuera,
te descubrí dentro… muy dentro.

⟿

He pasado la vida buscando el talismán secreto,
y en mi corazón se hallaba en silencio.

Que alejada quiero estar
de nuestro mundo de cargos y cargas.

La libertad que busco no se encuentra
bajo límites estrechos, sino en el amor y cuidados
que a cada paso me entrego.

Nunca estaré solo,
como sombra siempre me acompañas.

La soledad impuesta es lacra,
la soledad acompañada fuente de gracia.

Gracias por esta primavera encendida,
Gracias por los compañeros de mi vida.
Gracias por estar sosteniendo mi vida.

Cuanto mayor me hago más agradezco a la vida
su amor y cuidados.

El mundo a través de ti cada día se renueva.

Cada paso es presagio de que algo nos espera.

Mantén la hoguera encendida mientras el amor regresa.

Para que cuando Él llegue me encuentre dispuesta.

Has cambiado mi tristeza en alegría, el sol brilla.

Tu risa es mi risa.

No se trata de ser héroes sino de vivir lo cotidiano.

⌒

¿Existe mayor valor que el enfrentarse día a día
a todos los problemas de la vida?

Hay otra manera de afrontar los contratiempos: aceptación y entrega.

Decir sí, es la mejor respuesta.

Bendita tú eres mujer,
por inundar la tierra de paz, amor, belleza…

Ser mujer es mucho:
intuición, coraje, amor a manos llenas…

Hay más dicha en dar que recibir.

Desprendimiento:
compartir todo en cada momento.

Largo es el camino del encuentro,
grande el gozo de llegar a él.

El camino es largo, a veces estrecho,
a pesar de todo merece el esfuerzo.

Darse: forma superior de dar.

⁓

Se tiene lo que se da.

El encuentro se sella con un abrazo.

Lazo que envuelve cual manto.

Partir y repartir,
fin del hambre en la tierra.

No acaparar para distribuir.

Largo el camino,
empinada la cuesta que lleva a la Vida.

La verdad es conquista.

Si tu conducta es honesta,
sobran palabras.

⌒

Por su actitud ante la vida
se hizo querer.

Te amaré…
sin nada que reprochar
y sí mucho que entregar.

El amor no pasa jamás.

La vida debe ser un campo de juego,
no de batalla.

El encuentro:
placer, gozo, consuelo…

Él viene… siempre viene…

⁓

Camisa blanca, vaqueros,
hacia mí caminaba a paso lento.

¿Hay algo más hermoso que una familia?
Ramas que van al cielo,
raíces que en la tierra profundizan.

Familia: primer sustento, creación de vida.

Las personas que más admiro
son aquellas que entregan su vida por un ideal.

Nada más glorioso y digno de estimar.

No pido que me alcances esa estrella azul,
sólo te pido que me irradies con tu luz.

Madre de mi alma no es luz de tus ojos,
la luz de esa estrella que en la noche tiembla.

Los pensamientos pasan y no cesan de pasar…

Cuando los miras se van.

Todos vamos en el mismo barco,
todos vamos hacia el mismo mar.

A pesar de la diversidad.

Cada uno es una luz encendida que unidas
dan resplandor a la humanidad.

Ráfagas para el mundo iluminar.

Las personas que ven todo en todos,
tienen lenguaje de ángeles.

En el silencio… ha pasado un ángel…

Así te quiero,
con tus contradicciones y tus momentos ciegos.

El amor es paciente, todo perdona, todo lo espera…

No es tiempo perdido el tiempo que se da.

El mayor regalo que te puedo mostrar.

Deseo ser embajador de ternura y esperanza.

Que mis palabras sean estelas en mar de plata.

¿Qué puedo hacer por mí?
¿Qué puedo hacer por ti?

Si no soy, nada puedo hacer por ti.

Qué bueno tener senderos por donde caminar…
hacia el lugar donde Tú estás.

Voluntad y corazón para llegar al final

Se precisa una nueva mirada para dar respuesta al mundo de hoy.

⌣⟶

Todo puedo cuando a tu lado estoy.

No saben de amor aquellos que no han llorado.

Las lágrimas son ráfagas de luz
que iluminan tu paso.

La necesidad va por delante, hay que asistirla.

Primero lo necesario, después lo importante.

¡Cuántos abismos sociales, culturales, económicos…
en la sociedad actual!

Hasta no conseguir la igualdad no existirá paz.

Dame de beber de ese agua que quita para siempre la sed.

Sed de ser.

Me tocó y devolvió la vista.
Me tocó y devolvió la vida.

~

Razón para creer.

Hay hombres que en su paso por la tierra,
dejan su huella vital, libre, compasiva...

Gracias por su paso por la vida.

¡Qué poco confiados somos!
Ser crédulo obra milagros.

~

La confianza facilita el encuentro con la vida.

Aunque todos te olvidaran,
siempre estarás en mi recuerdo…

Mientras en mi memoria te lleve,
tú no morirás.

La relación con el Misterio
es el idilio con todos y con todo.

Más allá de lo finito, el infinito.

Hagamos un pacto:
quédate a mi lado y yo estaré contigo.

No te vayas, iniciemos la danza que conduce al idilio.

Sentirse amado da más vigor que creerse fuerte.

Si tú me amas, camino segura sin más cuidados.

Cuando no se posee nada, se puede disfrutar de todo.

Lo suficiente es suficiente...

Aprender a mirar,
las luces y las sombras
que a mi lado están.

⌒

Aceptar el lado oscuro de la vida es sabiduría.

Una vida fracasada puede ser
una vida de bendición.

El camino del éxito a veces lleva
al fracaso interior.

No hay losa
que pueda aprisionar una vida
cuando hay libertad.

Caen cadenas, comienzo a caminar...

Quédate…
porque la tarde declina.
Quédate…

No te vayas, preciso el calor de tu mirada.

Las cosas esenciales
son invisibles a los ojos,
pero no al corazón.

El amor, la justicia, la paz… no se ven,
pero dejan huella en nuestro acontecer.

Todo lo que tengo
lo pongo en tus manos…

Para que se multiplique paso a paso.

Busco una palabra
que sea luz en desierto.

⌣

La palabra es sagrada porque vive dentro.

Con pies de barro,
corazón de fuego,
alzamos el vuelo.

Cayeron al suelo en su desconcierto,
y de allí nacieron los sueños primeros.

El evangelio es poesía,
porque mente y corazón actúan.

Más allá… donde todo culmina.

La sed y hambre nos llevan a nuestro ser.

La necesidad nos empuja a buscar sin ceder.

Hay encuentros
con lo extraordinario
en lo ordinario.

⌇

Te conocí en lo pequeño,
donde todo era verdadero.

Ya es el momento
de dar un paso al frente.
Salto al centro.

No te culpabilices,
cambia de actitud.

Entre tinieblas,
luchando con las sombras,
Él te espera.

Siempre me has esperado,
con los brazos abiertos,
con un beso en los labios.

No importa el tiempo,
no importa el espacio,
allá donde camines te llevo en mis brazos.

Eres mi hogar, allí donde voy,
conmigo vas.

Siempre estás
en los momentos de prisa
y en los de calma.

Permanecer…

Quiero ser sal,
dar sabor a la vida,
quiero ser paz.

¡Todo está bien hecho!

Mejor dejarse llevar…
que hacer cálculos.

⌣

La vida nos lleva por los bellos prados.

Tus ojos en los míos,
mis ojos en los tuyos.
Lo que nos salva es la mirada.

⟶

Venías de lejos…
te conocí al instante.

A veces las dificultades
nos llevan a dar el salto
hacia nuestra realización.

Las crisis pueden llevar a redención.

¡Tan cerca y tan lejos de mí!

Así te siento.

Cada vez,
un encuentro.

⁓

Instante eterno.

Que nada enturbie nuestra razón de ser.

Nuestro amor y amistad por siempre.

Necesito tu palabra
en que me dices y te digo.

Cada día, en cada momento,
voy aprendiendo de cada encuentro.

Salto radical al vacío…

⁓

Si yo te siento conmigo.

Preguntar es conveniente y necesario.

Para completar aquello que se ha olvidado.

Lo único que no te pueden quitar:
la dignidad.

Nacemos dignos hasta el final…

El que habla arriesga,
el que calla otorga.

Hablar y saber callar,
encuentros de realidad.

Optimismo-trágico-esperanzado.

⌒

A pesar de las vicisitudes
vivir la vida con entusiasmo...

Ven y verás…

Lo que aún no puedes imaginar.

La vida es breve,
urge aprovechar el tiempo

Desde que conozco mis límites
más me apremia evitar su pérdida.

Romántica y melancólica
son mis señas al nacer.

Hay instantes en mi vida
que no deseo perder.

A Ti, que siempre a todos nos acompañas.

Los pobres, marginados…
primeros en la llegada.

Me enamore de ti
sin yo saberlo.

Desde entonces te llevo siempre
en mis recuerdos.

Más que demandar a la vida
importa lo que nosotros le aportemos.

Entregarse es lo primero.

Una atracción de infinito
nos lleva a alcanzar lo absoluto.

Desde aquí contemplo un mar que me lleva
a un cielo impoluto.

No supliques amor…
pues de mí recibes a diario
miles de caricias y abrazos.

Mi cuerpo se relaja,
mi mente se calma,
ya sólo percibo el soplo de tu palabra.

Quizá algún día pueda oír
una voz que dice:
¿Me oyes ahora?

Escucho.

Describe lo que estas sentencias te han suscitado...

Describe lo que estas sentencias te han suscitado...